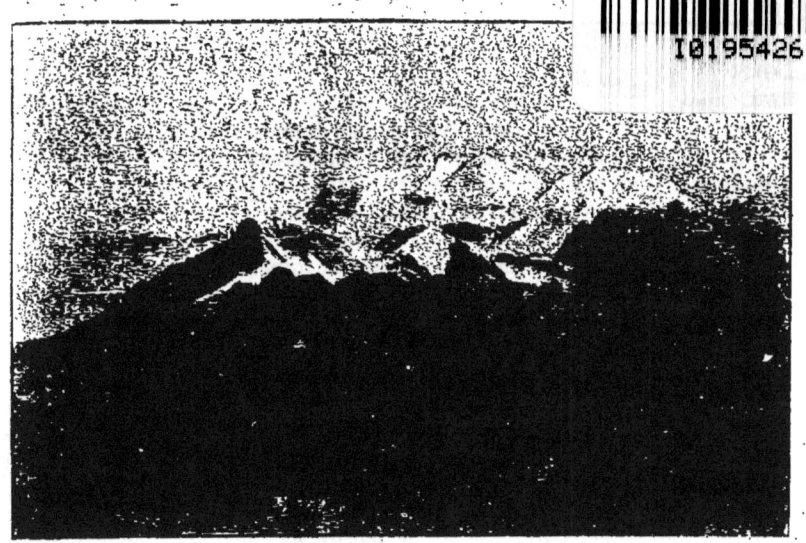
L'ELBROUZ VU DE LA LAITA.

LA PLUS HAUTE CIME DE L'EUROPE

I

La chaîne de montagnes qui donne son nom à toute la région du Caucase s'étend obliquement de la mer Noire à la Caspienne et forme du nord-ouest au sud-est une immense barrière naturelle entre la Russie d'Europe et celle d'Asie. Elle se divise en deux parties distinctes, grâce à une dépression qui est la plus importante voie militaire reliant les steppes russes aux plaines du Kour. Le grand Caucase, avec plusieurs chaînons parallèles, figure une autre crête d'une altitude moyenne de 3,700 mètres. D'étroits et très profonds ravins le rendent impraticable en plusieurs endroits. Il renferme les cimes les plus élevées de l'Europe et tout à son extrémité, dans les presqu'îles d'Apscheron au sud-est et de Taman au nord-ouest, des volcans de boue et des sources de naphte. Le petit Caucase ou plateau arménien présente au nord une série d'âpres éminences (la grande et la petite Kabarda, etc.) avec des rochers, des précipices et des forêts; au sud, des chaînons parallèles aux sommets neigeux, parmi lesquels l'Ararat, qui a 5,156 mètres de haut. On ne rencontre dans le grand Caucase que deux chemins de montagnes : la vallée du Terek (route de Tiflis) et la passe de Derbent.

Les premières explorations scientifiques du Caucase ont été faites au commencement du dix-huitième siècle par le célèbre botaniste français de Tournefort avec Gundelsheimer, de 1700 à 1702; elles furent continuées une dizaine d'années après par John Bell, puis, à partir de 1724, par Christian Burbaum. L'illustre orientaliste allemand Klaproth commença en 1807 ses études ethnographiques des races et tribus caucasiennes. Le naturaliste Baer, accompagné de Heimersen, en 1827, réunit d'abondants matériaux sur la faune du pays. En 1829, les recherches d'Alexandre de Humboldt, aidé d'Ehrenberg et de Rose, sur la géologie, l'orographie, la climatologie, font époque dans la science. La géographie avec toutes les branches qui s'y rattachent étend considérablement son domaine. Rien n'échappe plus à l'observation ; le monde physique tout entier est dévoilé dans ses mystères : ciel, mer et terre, tout l'univers livre ses secrets ; astronomie, géohydrographie, géogénie et géognosie, zoologie et anatomie comparée, botanique, minéralogie, isothermie, tout relève du génie de Humboldt, tout est embrassé par lui, et sur tant de ténèbres séculaires la lumière se fait. Une ère nouvelle s'inaugure, toutes les routes de l'investigation sont ouvertes et les pionniers se préparent à les parcourir. En 1836, Karelin et Blaramberg explorent la côte orientale de la Caspienne, la même année Koch et Thümel visitent le Caucase. En 1856, Abich, dont le nom fait autorité dans l'oryctognosie et la chimie minérale, entreprend la tâche d'examiner attentivement tout ce qui se rapporte à la Transcaucasie. Il y consacre vingt-cinq ans de sa vie et ses ouvrages témoignent de l'étendue de ses travaux : il détermine les lois des formations volcaniques, la nature géologique du plateau arménien, la constitution chimique de la Caspienne et des lacs d'Ourmiah et de Van, les principes de la paléontologie de la Russie asiatique, les bases de la structure des roches caucasiennes ; il mesure les altitudes, constate les données barométriques et prépare tout ce qui doit venir en aide à la triangulation de l'isthme depuis le Kouban jusqu'à l'Ararat. Cette triangulation fut surtout l'œuvre du colonel Chodzko en 1860 et 1862. Presque en même temps, en 1863, Melgunon releva la topographie de la côte sud de la Caspienne. En 1864, Gustave Radde donne une impulsion considérable à toutes ces études. Envoyé au Caucase par le gouvernement russe avec une mission scientifique, il fonde à Tiflis le musée caucasien, dont il prend la direction. Mais celle-ci n'est pas pour lui une sinécure. Chaque année, dès les premiers jours d'été, il part, escorté de savants ; en 1864 il visite les sources de l'Ingour, en 1865 l'Abkhasie et l'Elbrouz, en 1866 la Mingrélie, en 1867 les sources du Kour, en 1868 le Talich, en 1870 et 1871 l'Ararat, l'Euphrate, en 1874 l'Adscharie et l'Olti, puis Erzeroum ; il fait l'ascension du Bengol-Dagh ; en 1875, il accompagne l'expédition au sommet de l'Alagoz ; en 1876, il parcourt le pays si intéressant des Chefsours ; en 1877, il rassemble les documents de son magnifique volume : *Ornis Caucasica*, qu'il achève de 1879 à 1880, et, cette même année, il retourne dans le Talich et pénètre jusqu'en Perse. En 1886, il prend part à la grande expédition du Khorassan.

II

La plupart des voyages et des études que nous venons d'énumérer ont été inspirés par la Société de géographie de Saint-Pétersbourg, qui n'a pas tardé à trouver des émules dans les Clubs alpins, et principalement dans celui de Londres, puis dans le *Club alpino italiano*. C'est ainsi qu'en 1868, deux hardis voyageurs anglais, William Douglas Freshfield et A. F. Mummery, avec MM. Tucker et Moore (il sera question de ce dernier plus loin) gravirent pour la première fois le Kasbek, qui passait jusqu'alors pour la plus haute cime du Caucase septentrional. « Les intrépides alpinistes, dit M. Jules Leclercq (1), qui renouvela plus tard lui-même ces exploits, n'accomplirent leur projet qu'au prix des plus grands dangers, mais ils découvrirent pour la descente une route plus facile qui a été suivie maintes fois après eux. » Ils publièrent les résultats de leur expédition en 1868 (*Travels in the Central Caucasus and Bashan, including visits to Ararat and Tabreez and Ascents of Kasbek and Elbrouz*) (2). Le voyage de F. C. Grove, un autre alpiniste anglais, date de 1874 (3). Il complète les observations de M. Freshfield. En outre, il a pour les études géographiques cette importance très grande que l'expédition Grove atteignit le sommet du pic occidental de l'Elbrouz, plus élevé que le pic oriental gravi par M. Freshfield. C'est donc, en réalité, M. Grove qui a, le premier, foulé les neiges de la plus haute cime de l'Europe.

Les ouvrages sur le Caucase composent déjà toute une bibliothèque. M. Mijansaron, de Saint-Pétersbourg, a commencé d'en dresser le catalogue en 1876 sous le titre de : *Bibliotheca Caucasica et Transcaucasica*. Il y a réuni par ordre de matières, et par provinces, tous les documents, revues, publications, brochures, volumes, atlas, gravures, photographies, etc., relatifs au Caucase. Le premier tome de ce catalogue contient plus de 5,000 numéros. C'est le vade-mecum indispensable de tous ceux qui veulent approfondir les questions qui se rattachent à la Caucasie et à la Transcaucasie. Vivien de Saint-Martin, dans son *Dictionnaire de géographie universelle*, Reclus, dans sa *Géographie universelle*, bien d'autres y ont puisé la plus grande partie de leurs sources et trouvé le meilleur de leurs matériaux.

Après Grove, le Caucase a tenté l'audace d'autres alpinistes, notamment en Italie, Roberto Lerio, qui a escaladé, en 1887, l'Elbrouz et le Kasbek ; puis Victorio Sella (neveu du fondateur du Club alpin italien), qui a fait deux fois cette expédition, en 1889 et en 1890, et qui en a rapporté un véritable trésor de photographies. Disons en passant qu'Alexandre Dumas père a, dans ses *Impressions de voyages,* donné une description, assurément fantaisiste, mais d'un charme très captivant, de toute la région du Caucase; ajoutons enfin que MM. William Douglas Freshfield et Victor Sella ont fait paraître récemment sur les montagnes de la Caucasie et Transcaucasie un splendide ouvrage qui, par le texte et l'illustration, est un véritable monument.

Le Caucase est le paradis des alpinistes et des explorateurs. De la mer Noire à la mer Caspienne ils y trouvent, de distance en distance, toute cette série de cimes qui dépassent en hauteur celles des Alpes et laissent le mont Blanc bien au-dessous d'elles : l'Elbrouz (5,647 mètres), le Dykthou (5,211), le Shkara (5,206), le Koushtantaou (5,157), le Dgianga (5,090), le Kasbek (5,041), le Mishirgita (5,013), et quinze autres qui ont plus de 4,500 mètres d'altitude.

Aux époques géologiques primitives, l'activité volcanique de la chaîne

---

(1) Jules LECLERCQ. *Du Caucase aux monts Alaï.* (Librairie PLON.)
(2) En 1888, ils firent paraître dans les comptes rendus de la Société géographique de Londres (*Proceedings*) un nouveau travail sur ces mêmes montagnes (*The Peaks, Passes and Glaciers of the Caucasus*). M. A. F. MUMMERY mourut, en 1895, au cours d'un voyage à l'Himalaya. Avant son départ, il avait publié son magnifique volume (*My climbs in the Alps and Caucasus*). (London, F. FISHER UNWIN.)
(3) C'est à l'ouvrage de F. C. GROVE : *The Frosty Caucasus* (London, LONGMANS, FREE AND Cº, 1875) que sont empruntées les pages qu'on lira plus loin.

caucasienne dut être très grande : à la fin de la période tertiaire, l'Elbrouz et le Kasbek ont constitué des volcans en éruption ; aujourd'hui encore les dépôts de naphte, les eaux chaudes attestent ce travail souterrain, et les nombreuses sources thermales en donnent surabondamment la preuve.

Le Caucase, quoique très exploré, n'est pas encore connu d'une manière bien exacte au point de vue ethnographique ; la principale raison en est que sa population offre des caractères très différents. On y compte jusqu'à onze nationalités différentes : les Circassiens, les Abazes, les Ossètes (1), les Tchetchènes, les Lesghis, les Géorgiens, les Arméniens es Tatars (2).

III

Par sa position, sa forme, son altitude, ses cimes gigantesques, le Caucase a, depuis l'antiquité, fait une vive impression sur ceux qui l'ont visité. Pline l'Ancien raconte que la chaîne tire son nom d'un mot scythe signifiant « blanchi par les neiges », mais la philologie moderne a mis à néant cette étymologie fantaisiste. Il est plus probable que le terme Caucase (en russe *Kavkas*) vient du persan *Koh-Châf*. Les Caucasiens eux-mêmes l'appellent souvent *Jalbus-thaglor* (crinière de glaces) ou *Ildus-thaglor* (montagne des étoiles). On remarquera la couleur poétique de ces dénominations. Et aucune région ne prête, d'ailleurs, davantage à la poésie. Vu de loin, ce groupe de montagnes, qu'on dirait tout d'un seul massif, apparaît comme un formidable bastion aux mille créneaux resplendissants, ou comme un énorme rocher enchâssé de brillants. A mesure qu'on en approche, soit par la mer, soit par les steppes, la masse en apparence unique se décompose en un nombre infini de masses séparées, celles-ci en groupes, les groupes en montagnes, les montagnes en pics, qui s'isolent sur l'horizon avec toute la gamme des nuances et des irisées, avec leurs profils mouvants et fascinants. Quoi d'étonnant que les peuples d'Orient aient ressenti cet enthousiasme poétique qui transporte encore aujourd'hui nos voyageurs ? Écoutons l'un des plus récents. M. Jules Leclercq :

« J'étais plongé dans cet état de rêverie qui constitue le bonheur parfait, quand mon œil rencontra à l'horizon, comme suspendue entre ciel et terre, une immense masse d'une blancheur immaculée, pareille aux banquises des mers glaciales, et se détachant avec une netteté surprenante sur un fond de pourpre : l'Elbrouz ! l'Elbrouz ! m'écriai-je. — *Da!* (oui) fit mon *yemtchik* (conducteur). Quand le brave homme n'aurait

M. Jules Leclercq en a donné une traduction. Celle des pages que nous donnons ici est inédite.

(1) Les Ossètes, dont le nom semble dériver du géorgien *As* ou *Os* pourraient bien être, selon Kiepert, originaires de Perse, quoique Hérodote (III, 97) écrive Τὰ πρὸς βορέην τοῦ Καυκάσιος Περσέων οὐδέν ἔτι φροντίζει. Kiepert croit que ce fut d'abord une colonie militaire envoyée par les rois de Perse pour défendre le défilé du Caucase central.

(2) Déjà, dans Strabon, on entendait, suivant ce géographe, plus de 70 dialectes sur le marché de certaines colonies caucasiennes jusqu'à 70 dialectes différents et Pline parle même de 130. Les Arabes font allusion à cette particularité lorsqu'ils désignent le Caucase sous le nom de *Djebel-el-lisân* (montagne des langues).

rien dit, j'aurais juré que c'était bien l'Elbrouz que j'avais sous les yeux ; je l'aurais reconnu rien qu'à cette sorte d'auréole qui fait resplendir les plus hautes cimes du globe. L'Elbrouz est, en effet, non seulement la plus haute cime du Caucase, mais de l'Europe entière. Son altitude absolue est, d'après les plus récentes déterminations, de 5,611 mètres. Voilà donc le mont Blanc déchu de la suprématie qu'on lui avait toujours octroyée, car si l'on tient pour certain que la ligne de faîte du Caucase est la limite géographique de l'Europe et de l'Asie, on voudra bien concéder que *l'Elbrouz, situé à soixante kilomètres au nord de cette limite, appartient au continent européen* (1).

« La vue du mont Blanc caucasien est infiniment plus saisissante que celle de son rival des Alpes. Je le vois encore tel qu'il m'apparut, dans toute sa gloire, vers sept heures du soir, par un de ces merveilleux couchers de soleil, comme on n'en trouve que sous le ciel d'Orient. Sa double coupole argentée s'élève solitaire, ne dominant qu'à distance les autres pics du massif, et c'est ce qui la fait paraître encore plus démesurément haute. Je n'ai pas vu en Europe de montagne plus idéalement belle et d'un aspect plus fascinant ; je ne saurais lui comparer, parmi celles que j'ai pu saluer dans mes courses à travers le monde, que le Popocatepetl, le géant des Cordillières mexicaines. Les deux montagnes, presque d'égale hauteur, offrent toutes deux les caractères évidents d'anciens et puissants foyers d'activité volcanique ; toutes deux dominent le pays en véritables souverains, écrasant les monts environnants de toute la hauteur de leur masse gigantesque, que grandit encore leur majestueux isolement...

« Il y avait longtemps que le soleil avait disparu à l'horizon, que les neiges de l'Elbrouz étincelaient encore dans un ciel irisé ; on eût dit d'un prodigieux feu de Bengale dominant toute la chaîne. Mais la lumière fuyait rapidement devant l'envahissement de l'ombre ; la cime la plus élevée, qui brillait dans la nuit comme un phare céleste, finit par s'éteindre à son tour : de rose elle devint d'un gris livide, et de toute cette féerie, qui n'avait duré qu'un quart d'heure, je ne conservai que le souvenir, mais un souvenir inoubliable. »

IV

Les anciens Grecs, plus épris de mythologie que d'orographie, ne fixèrent leur attention sur les montagnes du Caucase (2) que parce qu'elles leur offraient des pics plus hauts que les Alpes, les Balkans, l'Etna, les deux Olympes, et parce que cette hauteur, frappant leur imagination, prêtait à la poésie, à la fable. C'est dans le Caucase qu'ils placent les scènes du déluge de Deucalion et de Pyrrha, l'expédition des Argonautes, le mythe de Prométhée. Symboles et fictions qui leur rappelaient sans doute des événements préhistoriques, racontés de génération en génération : les trésors ravis à Jason n'étaient probablement que le

---

(1) Quelques géographes placent l'Elbrouz en Asie. Nous partageons ici l'opinion de Jules Leclercq et de Grove.
(2) Cf. Vivien de Saint-Martin, *Recherches sur les populations primitives du Caucase*, et du même auteur, *Études de géographie ancienne et d'ethnographie asiatique*.

butin rapporté du Caucase par quelques aventuriers, chercheurs d'or ; les légendes du Phase, aujourd'hui Rioni, idéalisaient la coutume des populations caucasiennes, plongeant des étoffes dans le fleuve charriant de l'or pour les en retirer chargées de paillettes ; le feu ravi au ciel par le fils du Titan, que Jupiter cloua sur le Caucase, où un vautour lui dévorait le foie, remplace par une allégorie les éruptions volcaniques de l'Elbrouz et du Kasbek, maintenant éteints.

Cette poésie, née de l'admiration du Caucase, ne s'est jamais tarie. Tous les grands génies que la muse a touchés au front chantèrent la montagne redoutable et mystérieuse, depuis Eschyle (1) jusqu'à Calderon, et, plus près de nous, Monti, Byron, Shelley, Quinet, Lermontoff, Pouchkine. Un des plus grands poètes de l'Italie, Mario Rapisardi, a placé dans le Caucase les plus belles scènes de son poème *Lucifero*, et un autre Italien, de grand renom, notre contemporain également, Arturio Graf, dans son *Prometeo nella poesia*, a fait, comme en une théorie de Sophocle, passer sous nos yeux le chœur de tous les glorificateurs du Caucase à travers les âges.

Charles SIMOND.

(1) En réalité, dans le drame d'Eschyle, comme le fait remarquer M. Jules Leclercq, la scène se passe sur un rocher dominant la mer et la plaine de Scythie, mais c'est le Kasbek qui a eu de tout temps l'honneur de voir son nom accouplé avec celui du héros de la légende grecque. « Dominant un grandiose paysage polaire, la blanche coupole de ce géant du Caucase se dresse dans un superbe isolement, complètement enveloppée de son brillant manteau d'hermine sauf du côté qui regarde l'Orient où la muraille est trop à pic pour qu'elle puisse retenir les neiges. Cette sombre paroi rocheuse est un digne cadre pour le drame de Prométhée. » On sait que le *Prométhée* d'Eschyle est en réalité une trilogie, dont on n'a conservé que la seconde pièce : *Prométhée enchaîné*. Jupiter, pour châtier l'audacieux qui a ravi le feu du ciel, donne l'ordre à Vulcain, assisté de Kratos (la Force) et Bia (la Violence) de « river » Prométhée sur le plus élevé des rochers scythes. (Cf. OVIDE, *Métamorphoses*, I. 81.)

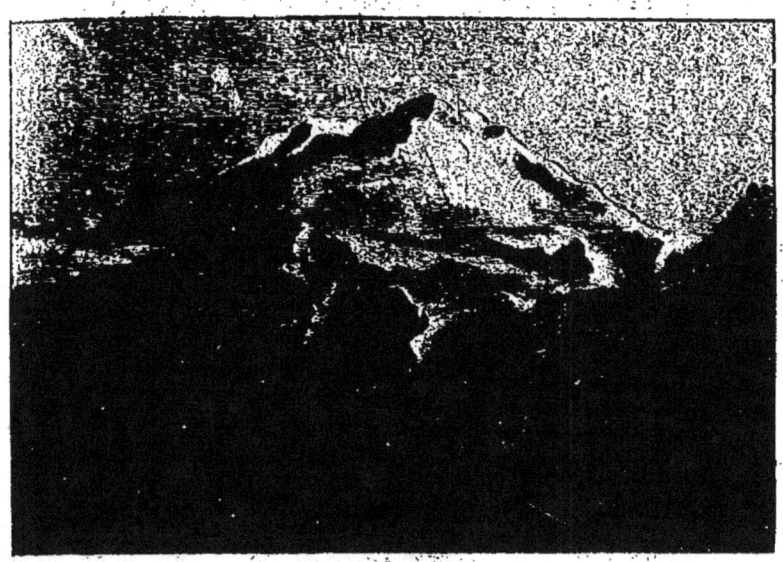
L'ELBROUZ VU DU TERSKOL.

LE CAUCASE

I

LE CAUCASE.

La partie du Caucase que j'ai visitée est celle où s'élèvent les plus hauts sommets de l'Europe. L'aspect général des vallées y est moins beau et moins varié que ne le sont les paysages de la Suisse, mais, par contre, les montagnes, couvertes de neige, y offrent des tableaux plus grandioses et plus frappants que ceux de la chaîne des Alpes. Les plaines du Caucase sont souvent tristes et parfois très laides. Telles celles du Tcherek et de Bezingi. Le pays que traverse le Bakhsan ne présente pas beaucoup plus d'agrément, et la vallée du Kouban au bas d'Outchkoulan n'a de remarquable que son étendue. Partout des sites monotones et pauvres. Ce qui dans le Caucase septentrional ajoute encore à cette tristesse, c'est l'absence de forêts. Sans doute il y a des sapins, mais tout juste sur les montagnes, peu nombreux et petits pour une région de semblables hauteurs. Dans les grandes vallées et les chaînes élevées on ne voit presque pas d'arbres : il faut avoir voyagé dans une contrée aussi nue pour comprendre tout ce que le décor montagneux avec ses glaciers emprunte de beauté aux endroits boisés et combien sans cela le coup d'œil est morne.

Il n'en est pas de même du versant méridional de la chaîne

caucasienne. Le peu que j'en ai vu ne me donne pas le droit d'en parler avec autorité, mais je crois pouvoir affirmer que même les vallées italiennes des Alpes ne captivent pas à ce point par la luxuriante prodigalité des scènes de la nature. On prétend que la Souanéthie est un paradis, habité, il est vrai, par des démons, ce qui n'ôte rien à sa magnificence, et j'ai été, dans l'Abkhasie, province de l'ouest, en extase devant la végétation bien autrement magnifique que dans les Alpes d'Italie. Je suis persuadé que la Souanéthie et l'Abkhasie obtiendraient de la part d'un jury de peintres beaucoup plus de suffrages que les vallées du versant sud du mont Rose.

GÉORGIENNE.

Nous avions à tracer notre chemin à travers une grande vallée ondulée où nous étions entrés en quittant celle du Tchegen. C'était un lieu sauvage, sans gaieté. La rudesse n'en semblait corrigée que par les troupeaux paissant sur quelques-unes des pentes et révélant les occupations pastorales d'une population paisible et laborieuse. Nous ne tardâmes point à nous trouver devant une ferme, dont les habitants accoururent à notre rencontre pour nous débarrasser de leurs chiens, qui menaçaient de nous dévorer. Quoique mahométans, tous ces gens étaient d'une saleté repoussante. L'un d'eux, un grand gaillard, se drapait fièrement dans ses haillons : le chef de la famille. vraisemblablement. Un tas de marmots autour de lui. A quelques pas derrière eux, la femme et deux robustes garçons. Tous nous regardaient comme si nous venions de tomber de la lune et nous accablaient de questions. Mais leur curiosité n'excluait pas la bonté. Sans en être priés, ils nous donnèrent du lait aigre et du caillé à discrétion. Ils agissaient ainsi par pure sympathie pour des étrangers, car nous eûmes de la peine à leur faire accepter quelques pièces de monnaie. Tandis que je les remerciais, un chien qui guettait mes mollets s'apprêtait à y planter ses crocs, et il allait mettre son projet à exécution quand il reçut d'un de nos chevaux un maître coup de pied qui le fit reculer en hurlant. Nos chevaux — nous en avions deux que nous avions loués à Kunim avec deux conducteurs — portaient nos bagages, mais ne nous servaient pas de montures. Un piéton fait en effet beaucoup plus de route qu'un cavalier dans ce pays de côtes. Nous échangeâmes quelques pa-

L'ELBROUZ VU D'OUTCHKOULAN.

roles bienveillantes avec les paysans du Caucase et poussâmes plus loin.

Nous ne tardâmes pas à arriver dans la grande vallée qu'arrose le Baksan. Quand nous la vîmes de près, nous fûmes bien désillusionnés. Il ne serait pas facile de trouver dans un pays de montagne quelque chose de moins intéressant que ce vaste bassin, assez comparable à une immense auge. Le fond, large, presque uni, très herbeux; les parois, relativement hautes, mais rabaissées à la vue par la largeur du bas. Aucune beauté, aucune variété.

Ajoutez que le ciel chargé de nuages nous annonçait un orage imminent, qui éclaterait probablement avant que nous eussions le temps de trouver un abri. On nous avait dit qu'il y avait un village où nous pourrions passer la nuit, mais nos guides ne savaient s'il était proche ou loin, à droite ou à gauche. Le seul renseignement qu'ils eussent, c'était que l'endroit s'appelait Osrokova. Ce village, où nous entrâmes enfin, était petit, misérable, sale, baigné par un cours d'eau, ruisseau plutôt que rivière, recevant toutes les immondices des habitations grossièrement bâties devant lesquelles il coulait lentement, infect et boueux. La plupart des habitants d'Osrokova, en guenilles, crasseux, inspiraient le dégoût, mais il y avait parmi eux quelques individus bien vêtus, aux traits réguliers, avec une certaine distinction de mine et d'extérieur. Ce contraste est très fréquent dans tout le nord-ouest du Caucase.

II

OUROUSBIÉH

Il pleuvait le lendemain au point du jour, quand nous décidâmes de partir, aimant mieux marcher sous l'averse que de rester vingt-quatre heures de plus dans cette puanteur d'Oroskova. Nous nous engageâmes dans la vallée sur laquelle on eût cru que toutes les cataractes du ciel étaient descendues en même temps.

A mesure que nous avancions à travers les prairies, nous voyions des signes d'une prospérité plus grande que dans la partie du Caucase par où nous venions de passer. La route était praticable aux voitures; nous en rencontrâmes même quelques-unes qui formaient comme une caravane en suivant la vallée en amont. Elles avaient deux roues, étaient construites sans art et traînées par des bœufs. Les conducteurs se donnaient beaucoup de mal pour faire franchir à leur attelage le pont du Bakhsan. Ce pont, comme tous ceux de ce genre, était très frêle. Les Caucasiens qui prennent grand soin de leurs chemins, n'ont aucune idée d'entretenir leurs ponts ou ne s'en soucient pas. Aussi sont-ils fréquemment obligés de passer les cours d'eau à gué.

La vallée de Bakhsan gagne en intérêt dans le haut à l'approche d'Ourousbieh. Les hauteurs qui l'enferment sont plus hardies, le fond plus resserré; devant soi l'on a la masse de la grande montagne de Tungserum. Les pentes ne sont plus dénudées, on y voit quelques arbres, non des forêts, à vrai dire, mais quelques bouquets qui donnent d'autant plus de satisfaction au regard qu'il n'a pendant longtemps pu se fixer que sur l'herbe. Ourousbieh est bâti gracieusement sur une de ces pentes, à l'ouest de la vallée. Derrière le village, descend d'un vallon riant un gros cours d'eau vers le Baksan, et à l'extrémité opposée de la vallée s'ouvre un autre vallon qui débouche au sud, comme nous le sûmes plus tard. Le tableau éclairé par un soleil brillant est agréable; mais je m'empresse de dire que la beauté des montagnes et des vallées est relative. Des voyageurs venus avant nous à Ourousbieh l'ont dépeint comme affreux sous tous les rapports; il est vrai qu'ils arrivaient de la Souanéthie, qui est l'un des plus beaux sites du monde, tandis que nous étions sous l'impression des paysages sombres du nord, et que le changement ne pouvait que nous charmer.

Nous fîmes à Ourousbieh la connaissance de Sotaef Akhia, le grand chasseur du pays. Personne ne connaissait mieux que lui la montagne et la vallée, mais son expérience ne s'étendait pas au delà de la ligne des neiges, qu'un Caucasien ne franchit jamais, à moins d'un cas tout à fait exceptionnel. Le gibier du Caucase, moins traqué qu'en Suisse, n'est pas aussi farouche que celui des Alpes, et par conséquent Sotaef Akhia n'avait pas à déployer la même habileté et la même audace que les chasseurs de chamois. Il suffit dans le Caucase de savoir tenir un fusil, de n'ignorer aucun chemin des montagnes, d'avoir bon pied et surtout bon œil. Sotaef Akhia réunissait toutes ces qualités. Il était infatigable, ne parlant jamais de se reposer, et marchant d'une allure en apparence indifférente mais si rapide que personne n'aurait pu lui emboîter le pas. Sa vue était extraordinairement perçante, il distinguait un bouquetin dans les rochers, quoique la couleur de l'animal se confondît avec celle de la montagne, à une distance tellement prodigieuse, qu'on eût cru à quelque vantardise quand il affirmait « il est là-bas », et son affirmation était absolument exacte.

Ce fut Sotaef Akhia qui nous servit de guide dans notre ascension du Tau Soultra. Elle fut moins difficile que nous ne l'avions supposé, mais quand nous fûmes tout au haut, nous nous trouvâmes récompensés au delà de nos mérites. Un spectacle d'une magnificence indicible s'offrait à nous. D'un côté, à l'est, le pic de l'Elbrouz, dont nous pouvions mesurer du regard toute la grandeur. Il nous fit une impression indéfinissable. Ce n'était pas de la beauté imposante, mais ce n'était pas non plus quelque chose de banal.

— Un volcan de plateau à thé japonais, s'écria Gardiner.

Et, à le bien considérer, la comparaison n'était pas dépourvue de justesse.

De l'autre côté, un tableau merveilleux : toutes les splendeurs de la chaîne principale, des pics neigeux d'une majesté sans rivale, des escarpements dont il est impossible de représenter l'effet par la parole.

La montagne la plus abrupte, la plus imposante de toute la chaîne alpestre, celle qui a un caractère *sui generis* tel qu'on ne saurait la confondre avec aucune autre est surpassée de beaucoup en aspect par le puissant Ousch-Ba. (Pic de la Pluie) le Matterhorn à double cime du Caucase.

III

L'ELBROUZ

Nous décidâmes de partir pour l'E brouz, le lendemain. C'était devancer la date fixée d'abord, mais nous craignions de ne pas arriver à temps à Soukhorom Kaleh et de manquer le steamer qui devait nous y prendre à bord, nous réglâmes donc notre expédition à l'Elbrouz comme suit :

1° D'Ourousbieh au chalet à l'extrémité de la vallée.

2° Du chalet à un point déterminé des rochers sur la pente de l'Elbrouz.

3° Au sommet de la montagne (si possible) et retour au chalet

4° Du chalet, retour à Ourousbieh.

Nous traversâmes sur une certaine distance les prairies basses au fond de la vallée, jusqu'à ce que nous atteignîmes, une heure et demie environ après notre départ du village, une vaste moraine à l'endroit où finissait autrefois un grand glacier. Nous la franchîmes et nous poursuivîmes notre chemin assez commodément

La vallée se rétrécissait, à mesure que nous avancions; il y avait des perspectives de pics neigeux si formidables que l'on avait peine à comprendre comment leur base pouvait tenir dans l'étroit espace d'où ils semblaient émerger. Bientôt nous atteignîmes un endroit où il y avait eu jadis une forêt, maintenant détruite soit par la cognée soit par un incendie dont un petit chalet offrait encore les traces. Plus haut, sur les pentes, l'abatage des arbres était évident.

Continuant notre chemin, nous entrâmes dans un bois, puis, après quelque temps de marche, nous nous trouvâmes au bord du Baksan grondant. Au bout de trois quarts d'heure, nous atteignîmes notre premier lieu de bivouac.

C'était une clairière, ou plutôt une pelouse, aussi jolie qu'un peintre l'eût rêvée, et admirablement propre à un campement, car le sol était uni et couvert de bois mort; nous avions en outre de l'eau courante à proximité. Un chalet abandonné aurait pu nous servir d'abri, les hommes qui l'avaient jadis habité ayant depuis longtemps cherché un gîte ailleurs; malheureusement pour nous, ils avaient été remplacés par d'autres occupants plus nombreux mais si incommodes que nous préférâmes nous coucher à la belle étoile. Vous devinez que je parle des insectes.

Ce tableau de notre bivouac était à peindre : les reflets de la flamme courant sur le vert de la pelouse avec la forêt pour cadre; les mêmes reflets éclairant les physionomies des Caucasiens formant divers groupes en leurs différentes attitudes, que l'on eût cru disposés ainsi tout exprès par un photographe chargé de prendre cet instantané. Telle une scène de coureurs des bois dans un roman de Cooper.

Dans la soirée, des brouillards s'étaient accumulés sur les pentes, mais ils se dissipèrent au cours de la nuit et le soleil se leva dans un ciel sans nuages. Nous fûmes sur pied à la petite pointe du jour, et après un échange de paroles entre nous ou avec les Caucasiens, grâce à Paul, nous levâmes le camp. Notre route était cette fois

RUINES DE L'ÉGLISE DE KOUTAIS.

tantôt à travers bois, tantôt par des clairières jusqu'à l'extrémité de la vallée. Nous franchîmes nous-mêmes cette passe de Nakra, que nous avions eu quelque peur de trouver infestée par des Souanéthes. Cette passe est la voie naturelle de communication entre la vallée du Baksan et la Souanéthie. La route monte par dessus un col neigeux dont l'ascension n'offre en apparence pas de difficultés. C'est en cet endroit que M. Freshfield et ses compagnons se frayèrent une voie en 1868 et nous serions arrivés également par là dans la vallée du Bakhsan si le temps nous avait permis de passer de la vallée de Bezingi dans la Souanéthie. Mais le sort en avait décidé autrement.

A une heure un quart de marche du camp que nous venions de quitter, nous débouchâmes dans un vallon d'où nous pûmes découvrir les deux pics de l'Elbrouz. Il nous sembla qu'il n'était pas à plus de trois à quatre lieues de distance. Cette illusion du rapprochement est fréquente dans les montagnes.

Le pic à l'est, le plus près de nous, ressemblait à un vaste cratère; le pic le plus éloigné n'était qu'indistinctement visible et il nous parut que sa cime avait l'aspect d'un plateau. En remontant ce vallon, M. Freshfield et ses compagnons avaient atteint les rochers où ils passèrent la nuit qui précéda leur ascension de l'Elbrouz. Toutefois Akhia prétendit que la montée serait bien plus commode par l'autre vallon, situé plus loin. Nous ajoutâmes foi à son expérience, et nous longeâmes la vallée pendant une vingtaine de minutes, puis nous fîmes halte devant une petite cabane grossièrement bâtie dans un espace ouvert au pied du glacier qui occupe le haut de la vallée du Bakhsan.

Nous avions délibérément voulu arriver jusque-là, parce que l'endroit était commode pour y mettre à l'abri les chevaux que les Caucasiens avaient amenés avec eux. Une passe franchit le glacier et conduit dans le pays des Karatchaï, nous avions pensé la traverser après avoir visité l'Elbouz mais nous en avions été empêchés par la difficulté de nous procurer des porteurs, et le temps nous manquant pour courir le risque de devoir revenir sur nos pas, nous avions décidé de faire le tour par la région herbeuse pour arriver au nord de l'Elbrouz. La passe semblait assez facilement praticable à pied, mais quant aux chevaux, Akhia nous dit qu'il n'y avait pas de danger pour eux si le vent froid avait durci la neige; si, au contraire, celle-ci était molle, il était à craindre qu'on ne les perdît. Cette passe, pour autant qu'il nous fut possible d'en juger, n'était pas belle.

Tandis que nous fixions les yeux sur le glacier, tout en cherchant à déterminer sa hauteur, nous remarquâmes quelque agitation parmi nos Caucasiens. Ils s'étaient d'abord occupés à dépecer un mouton, pour le faire cuire dans l'eau, car dans cette contrée on ne mange que de la viande bouillie, le rôti est une exception tout à fait particulière en honneur de quelque étranger de distinction. Cette besogne achevée, ils attachaient leurs regards sur la grande pente herbeuse et sur les rochers sombres qui lui faisaient face au nord de la vallée. Ce qui les captivait ainsi, c'étaient les préparatifs d'une chasse, Akhia, avec sa vue de lynx, avait découvert sur la pente deux points bruns invisibles pour tout le monde.

— Un bouquetin, dit-il.

Et sans ajouter une parole, il partit; nous le vîmes traverser la prairie jusqu'au pied de la pente et gravir celle-ci avec une merveilleuse rapidité et une adresse non moins admirable, en lacet, en tirebouchon, et tournant de manière à mettre toujours en saillie quelque gros fragment de roche entre lui et le bouquetin. Aucun de nous ne s'en serait tiré avec cette promptitude et cette sûreté. Il fallait surtout ne pas effaroucher le gibier, et, sans cesser de le voir, ne jamais être vu par lui. Le chasseur s'acquittait de cette tâche d'une manière surprenante. Nous l'aperçûmes bientôt sur la hauteur, à peu de chose près au même niveau que le bouquetin, mais à une distance considérable de ce dernier. Alors il se coucha à plat ventre, rampant doucement, très doucement, vers l'anima qui ne soupçonnait pas son approche. L'homme s'effaça graduellement à notre vue, il était maintenant si éloigné de nous qu'on le prenait pour un petit point qui se déplaçait, disparaissait, reparaissait, tirant profit de tout ce qui pouvait le dérober à l'attention du gibier. Finalement, nous ne le vîmes plus du tout : il s'était blotti dans un pli du terrain. Soudain nous entendîmes une détonation, le chasseur se montra de nouveau pendant quelques secondes, s'évanouit ensuite complètement, et il s'écoula un temps considérable avant qu'on le vît. Avait-il visé et tiré juste ? Les opinions des Caucasiens étaient partagées à cet égard. Entre temps, ils procédèrent à la préparation du repas, tandis que nous étions couchés dans l'herbe, considérant le ciel sans nuages et espérant qu'il resterait tel pour favoriser notre expédition au Minghi-Fau.

Nos cuisiniers ne pensaient qu'à leur cuisine, quand Akhia parut à l'horizon, portant sur ses épaules le bouquetin mort. Des applaudissements le saluèrent dès qu'il fut à portée de les entendre. Sans même parler de sa chasse, il déposa le gibier à terre, but du lait aigre à même l'outre, prit sa part de mouton bouilli, et s'étendit aussitôt après, n'ayant pas besoin de faire appel au sommeil. Je le laissai prendre ce repos mérité, mais Moore, qui nous commandait, et qui était plus impatient que moi, le réveilla bientôt en lui faisant représenter par l'interprète que l'on avait déjà perdu trop de temps en incidents non compris dans notre programme. Il se leva, eut un geste maussade, tout en ne répliquant point.

Nous revînmes un peu sur nos pas pour entrer dans le vallon, d'abord très raide. Après trois quarts d'heure de marche sous un soleil brûlant, nous fûmes tout heureux de rencontrer moins de difficulté à parvenir jusqu'au haut. Une fois là, nous eûmes sous les yeux un espace vide aussi dévasté qu'on peut se l'imaginer : rien que des pierres et des débris de rochers. Mais nous avions par contre, en face de nous, l'Elbrouz, si visible maintenant que Walker put le photographier. Le plus rapproché des deux pics était la coupole orientale de la montagne ; l'autre, à l'ouest, est, dit-on, un peu plus haute. Il y avait de ce côté de la vallée quelques buttes de pierres lâches, nous les franchîmes et, après avoir traversé un étroit amas de neige, nous arrivâmes au rocher plat où nous voulions camper. On n'aurait pu choisir de meilleur endroit pour un bivouac en montagne. Le rocher était assez de niveau avec quelques dépressions çà et là, ce qui pouvait nous être utile pour nous abriter du vent. Un cours d'eau sillonnait ce plateau et la nature avait eu même tant de prévenances pour les voyageurs qu'elle attendait, sans doute, qu'en plusieurs places un peu de terre recouvrait la pierre dure, en sorte que l'on pouvait s'y reposer et y dormir assez commodément. Le tableau qui environnait notre campement était magnifique. Nous étions à une hauteur de 11,300 pieds et rien n'interrompait la vue de la chaîne principale.

M. Freshfield et ses compagnons avaient fait halte, en 1868, en un endroit maintenant enseveli sous les neiges.

Une splendide perspective nous apparaissait à l'horizon dans la pourpre et l'or du soleil couchant. Walker put prendre la photographie du Tungsorun, qui se dressait au fond de la vallée de Baksan, et que nous voyions de plusieurs points, en nous disant que le lendemain nous serions là-haut.

Je voudrais pouvoir faire partager au lecteur les impressions que j'éprouvai en ce moment. mais il n'y a pas de paroles qui puissent traduire exactement une semblable sensation. Comment décrire la couleur et les iridations du ciel changeant, la majesté de cette immense chaîne, la gloire de ses cîmes, le rougeoiement de leurs neiges baignant dans les feux de l'astre déclinant lentement?

TATAR DE KHOURZOUK.

J'ai déjà dit que l'endroit était favorable au repos, les rochers recouverts d'une légère couche de terre pouvant donner l'illusion d'oreillers relativement doux. Aussi ne nous reveillâmes-nous pas une minute avant la diane.

— En route pour l'Elbrouz!

Heureuse surprise! Le vent était bien fort, et la température plutôt élevée.

Dans la montagne encore plus qu'ailleurs, il fait plus froid à l'aube que dans la journée. Nous étions si préoccupés de notre expédition que notre enthousiasme nous réchauffait. Moore, au

VALLÉE DU TÉREK.

contraire, qui ne devait pas nous accompagner, nous assura qu'il était glacé.

A une heure du matin Walker, Gardiner, Peter Knubel (notre

guide suisse) et moi, nous partîmes. Nous avons eu d'abord à marcher dans la neige pour arriver au-dessus du plateau rocheux dont le talus était très escarpé, mais nous reconnûmes que cette montée nous prendrait trop de temps, et, afin de tourner l'obstacle, nous poussâmes à droite en suivant de petites pentes de neige interrompues par de courtes rangées de rochers. Prenant alors à gauche, nous nous trouvâmes sur le vaste espace de neige au flanc sud-est de l'Elbrouz. C'est la route que nous devions parcourir pour arriver au sommet dont je vais essayer de déterminer la position.

Les deux pics de la montagne sont situés, suivant la carte russe, au sud-est-quart-sud et au nord-ouest-quart-nord, l'un par rapport à l'autre, mais je suis presque certain que ces indications ne sont pas exactes et je crois que des observations faites avec plus de soin établiraient que les deux coupoles se trouvent presque à l'est et à l'ouest l'une de l'autre. Il nous fut malheureusement impossible, pour des raisons qu'on verra plus loin, de prendre des relevés d'une précision absolue au sommet de l'Elbrouz, en sorte que je ne puis contredire péremptoirement les assertions des autres voyageurs, mais nous fûmes tous d'avis, mes compagnons et moi, que ceux qui partent de l'est et de l'ouest sont beaucoup plus dans le vrai, et c'est sans doute pour cette raison que, dans le pays, on emploie la dénomination de pic oriental et de pic occidental.

Vus du point où nous étions, ils se présentaient à nous comme suit : le pic occidental, à gauche, est en partie caché par l'autre, lequel était entouré d'un vaste champ de neige ondulant en pentes douces de différentes inclinaisons. Ce que nous pouvions apercevoir du versant de la montagne occidentale était plutôt escarpé, mais pas assez pour nous faire redouter un obstacle. La cime nous parut plate et d'une certaine étendue. L'autre pic ressemblait à un cône régulièrement déclive. Je donne à ces hauteurs le nom de pics pour la commodité du récit, mais il serait plus exact d'appeler l'un une montagne à sommet plat, l'autre un vaste rempart. C'était l'Elbrouz occidental ou le plateau que nous avions choisi pour but de notre expédition. D'après les géographes russes, c'est la plus élevée des deux cimes jumelles, mais elle ne dépasse l'autre que de 95 pieds (pas tout à fait trente mètres). Notre vanité lui avait donné la préférence.

Pour mettre notre plan à exécution, il était clair que le plus sage était de faire l'ascension de la vaste plaine de neige environnant le pic oriental en appuyant constamment à gauche, de manière à en suivre le contour jusqu'à 1500 pieds environ au-dessous du faîte, de là nous pourrions atteindre le col entre les deux pics. Il était évident que nous ne voyions pas ce col avant de donner droit dessus et par conséquent nous courions le risque de monter trop haut et de le trouver au-dessus de nous quand nous l'aurions en vue, mais dans toutes les expéditions de montagne il y a de l'aléa; d'ailleurs, si nous avions contourné la montagne trop bas, nous aurions perdu beaucoup de temps.

Nous adoptâmes donc le plan que je viens d'indiquer et pendant plusieurs heures nous gravîmes les formidables pentes de névé. A vrai dire, nous ne rencontrâmes pas d'obstacle, mais la route était longue, fatigante, monotone. A une heure et demie de notre campement, nous eûmes à franchir une crevasse qui par un temps d'orage eût inspiré quelque effroi, mais elle était si étroite que l'on aurait pu en quelque sorte la sauter à pieds joints. En définitive, nous ne nous heurtâmes en aucun point de cette première partie de notre marche à rien de ce que l'on pouvait appeler une difficulté. C'était plutôt une promenade fastidieuse à travers un vaste champ de neige s'élevant graduellement.

Quand on n'a jamais fait d'excursion dans les hautes montagnes, on ne peut pas comprendre, ce que savent parfaitement les Alpinistes, qu'il n'y a rien au monde de plus accablant que l'ascension prolongée pendant plusieurs heures de ces pentes toujours et toujours chargées de neige. Aucun travail n'épuise davantage, et il n'en est pas qui surexcite à ce point. La lassitude physique s'accroît d'autant plus que l'esprit ne pouvant se fixer sur rien est complètement inoccupé. Il en résulte d'abord une profonde tristesse puis un dégoût de toute la création et de soi-même en particulier. La cloison que nous avons soin d'établir entre notre *moi* plein d'amour-propre et notre raison tombe. On se voit tel qu'on est, chétif et misérable, et l'on s'étonne qu'il y ait des gens qui aient quelque considération pour cet être absolument sot qu'est l'homme dépouillé de son orgueil. On voit se dérouler devant sa pensée toute les sottises que l'on a commises en sa vie à commencer par celle de grimper sur des montagnes, pour pouvoir se vanter d'en avoir vu la cime, et l'on s'étonne que l'on y soit revenu, que l'on ait tout particulièrement eu l'idée d'escalader ce Mont-Blanc caucasien, après avoir été jusqu'au haut du Mont-Blanc suisse. Il n'y a qu'une seule chose qui nous arrête dans la résolution de redescendre : le respect humain, le qu'en dira-t-on, la crainte d'être raillé. Mais il est indiscutable que sans ces motifs le courage le plus intrépide succomberait. Peu à peu toutefois la conviction qu'il faut être fou pour marcher ainsi des heures durant dans la neige est remplacée par le calme, propre à tout Anglais, qui admire, sans même songer à sa personnalité, le sang-froid de l'homme persévérant avec une patience indémentie dans un dessein une fois adopté. Et la conclusion est que, lorsque cette ascension sera achevée, on en entreprendra une autre.

Les pentes de l'Elbrouz portent plus que toute autre montée à ces réflexions. C'est une ascension assommante. Extrêmement jolie au début, elle n'offre, nulle part, de ces escarpements dont on ne triomphe qu'après une vraie lutte : à cause de la durée de la marche, tout le charme disparaît. On ne garde que l'impression d'un labeur monotone, et, s'il n'y avait la récompense finale, je ne conseillerais à personne de suivre notre exemple.

Le froid était devenu intense, et, si le vent n'avait pas cessé, nous aurions eu les membres cruellement mordus par la température glaciale. Au bout de quatre heures de chemin, nous avions fait l'escalade de plus de quatre mille pieds de haut. Nous nous crûmes le droit de faire une halte de quelques minutes, dans un massif de rochers qui émergeaient du grand désert de neige à la hauteur de la cime du Mont-Blanc, dans les Alpes (4,810 mètres). Alors, tout à coup, nous sommes libéralement payés de nos fatigues, de nos ennuis, de notre constance. Un spectacle d'une beauté indescriptible était là devant nous. Le soleil se levait, le ciel, à l'orient, s'incendiait dans son immense étendue, ne formant qu'un brasier ardent. La lune, presque pleine, effleurait de son disque d'argent les montagnes. C'était l'aurore.

La voûte céleste resplendissait à la fois de l'éclat expirant de la nuit et de la magnificence naissante du jour. Dans ce tableau merveilleux, dont la grandiose perspective excitait notre enthousiasme, l'ombre puissante de l'Elbrouz était projetée par le soleil montant peu à peu et se dessinait en une forme prodigieuse sur le fond indécis de l'Occident. Mais bientôt, de ce côté aussi, la lumière triompha. Le jour proclama sa victoire, et le pâle satellite du soleil disparut parmi des nuages noirs et blancs.

Nous étions encore à 3,000 pieds de la cime. Il fallait redoubler d'énergie. Les dix minutes de repos que nous nous étions accordées furent plus vite écoulées que nous ne l'aurions pensé.

— En route donc !

Notre ascension des neiges recommença, sans oublier d'appuyer à gauche. Après avoir gravi une nouvelle hauteur de 1,500 pieds, nous arrivâmes en vue du col entre les deux sommets. Il était près de nous, un peu au-dessus de nos têtes. Nous avançâmes jusqu'à 200 pieds environ de son élévation réelle.

Nous étions maintenant au pied de la déclivité qui devait nous mener jusqu'au bord du sommet plan du pic occidental. La pente s'élevait devant nous, raide, mais non inaccessible. Bien à notre gauche, c'est-à-dire au sud, il y avait des précipices, mais en face de nous, rien qui offrît un abord difficile. Nous pouvions donc nous reposer le cœur léger. L'endroit où nous fîmes halte, dans cette petite vallée entre les deux montagnes, dépassait l'altitude de 17,000 pieds, mais nous n'aurions pu dire de combien. Walker s'était muni d'un excellent anéroïde, gradué jusqu'à 20,000 pieds, et l'instrument avait marqué notre ascension avec beaucoup de régularité jusqu'à 17,000 pieds, là où nous nous arrêtâmes sous le col. Mais, quand nous l'examinâmes, alors, nous découvrîmes que l'aiguille avait d'un bond sauté au plus haut point qu'elle pût

HUTTE D'INDIGÈNES SUR L'ELBROUZ.

enregistrer, et nous eûmes beau secouer, agiter aussi savamment que possible, nous ne parvînmes pas à corriger cette défectuosité de l'instrument. A 17,000 pieds donc et au delà, nous fûmes obligés de faire des calculs supposés jusqu'à la cime de la montagne. J'ai dit que nous nous étions arrêtés à 200 pieds au-dessous du col, et j'incline à croire que nous ne nous élevâmes pas à plus de 150 pieds au delà depuis la dernière lecture exacte du baromètre. Le col aurait donc 17,350 pieds au-dessus du niveau de la mer. Ceux qui viendront ici après nous reconnaîtront facilement notre halte : elle est à la base d'une rangée de rochers qui montent à quelque distance la pente du pic occidental. Tout près du pied de cette chaîne, il y a un fort rempart où l'on peut se reposer gaiement au soleil.

Il est probable qu'en toute autre saison une grande partie de la pente du pic occidental, où nous trouvâmes de la neige, en est tout à fait dépourvue.

Après une demi-heure de repos, nous gravîmes cette pente finale, la seule qui présentât quelque difficulté, si l'on peut se servir de ce mot. Nous escaladâmes d'abord les rochers que je viens de mentionner; ils étaient aussi accessibles que nous puissions le souhaiter. Du point où ils se terminaient, nous gravîmes pendant quelque temps les neiges qui, tout en n'étant pas très escarpées, nous obligèrent pourtant à y tailler quelques marches, mais n'y mîmes pas beaucoup de temps, car nous atteignîmes bientôt une petite chaîne de rochers d'une montée commode, après quoi, nous retrouvâmes les neiges où nous dûmes, par endroits, faire encore des entailles. Nous poursuivîmes ainsi notre marche sur l'inclinaison modérée et nous rencontrâmes au haut une corniche où nous nous frayâmes une route aisée, jusqu'à ce qu'elle nous conduisît au bord d'une grande plaine de névé, recouvrant un puissant cratère éteint. Un petit pic surgissant du rebord, au nord-est-est, constituait visiblement le point culminant de la grande montagne.

Le cratère occidental surpasse de beaucoup en dimensions celui de l'autre cime. Il peut avoir trois quarts de mille de diamètre (environ 1,300 mètres). Le mur est en parfait état sur les deux tiers du circuit, mais au sud-ouest une grande partie s'est éboulée et un glacier descend maintenant de cette brèche. La convulsion géologique doit avoir été terrible au moment de cette éruption, qui arracha cette masse énorme de la montagne, mais aucun homme n'en fut ni témoin ni victime. Depuis des siècles sans doute, le cratère est calme. Les glaces ont remplacé les laves, et, sur les scories et débris qui remplissent cette formidable cavité, la nature a jeté un épais manteau de neiges éternelles.

La plaine de névé qui recouvre ce qui fut jadis le cratère s'élève à l'est, presque de niveau avec le bord, mais incline rapidement au sud-ouest, le mur surgissant considérablement au-dessus des neiges. Le petit pic, qui est la cime proprement dite de la montagne, fait saillie sur le segment nord-est du rebord. Nous le distinguâmes plus tard très clairement du village d'Outchoulan, dans le pays de Kasatchaï.

Tandis que nous nous asseyions quelques instants sur la neige avant de tenter l'ascension de cette plus haute cime de l'Europe, je réfléchis au problème de la raréfaction de l'air à cette immense hauteur, en recueillant dans mon esprit les impressions que je venais d'éprouver à cet égard. On a fait beaucoup d'erreurs sur la rareté progressive de l'air dans les ascensions de montagnes, c'est un fait connu de tous les alpinistes. Autrefois, quand on s'y entendait beaucoup moins qu'aujourd'hui, on attribuait généralement la raréfaction au manque de force ou d'exercice préalable des organes respiratoires, ceux-ci ne s'adaptant point par un entraînement en quelque sorte scientifique aux conditions atmosphériques dont ils auraient à tenir compte. Actuellement, ceux qui escaladent les montagnes savent que, dès qu'ils sont « en bonne condition », suivant l'expression usitée, ils n'auront pas à souffrir de la rareté de l'air, même sur les pics les plus élevés des Alpes; et lorsqu'on s'en plaint, on ne trouve guère d'âmes compatissantes autour de soi, chacun sachant à quoi s'en tenir.

— Vous vous plaignez, vous dira-t-on, de ce qui, en somme, vous fait plaisir.

Mais il est possible que, dans les montagnes plus hautes que les Alpes, il y ait une limite au delà de laquelle la raréfaction de l'air exerce une influence fâcheuse sur les constitutions les plus robustes et sur les organismes les mieux entraînés. Ainsi, l'on peut admettre qu'aucun être humain ne saurait vivre sur la cime du mont Everest de Gaorisankar, dans l'Himalaya, qui est à 8,840 mètres de hauteur.

Certaines ascensions en ballon, qui furent fatales aux aéronautes, semblent avoir démontré qu'à une altitude même moins élevée que celle du Gaorisankar, l'air est trop rare pour entretenir la vie et la respiration de l'homme. A quelle hauteur donc peut-on atteindre sans danger? me demandai-je. L'épuisement inaccoutumé que j'avais éprouvé après avoir dépassé les 17,000 pieds était-il dû à la fatigue ou au manque d'air respirable? Nous étions quatre, et trois d'entre nous, Gardener, Poter Knobbel et moi, nous avions souffert beaucoup pendant cette dernière partie de l'ascension. Walker toutefois se disait moins abattu que je ne l'étais, en dépit de son hémorrhagie nasale. Cependant, à un certain moment, il nous parut impossible, à en juger par ce que je ressentais moi-même, de ne pas attribuer nos souffrances physiques à la raréfaction de l'air. Malgré cela, et quand j'y songe bien aujourd'hui, je suis d'avis que notre prostration avait pour cause principale notre défaut de préparation à de semblables expéditions, et j'estime que l'insuffisance d'air y était pour peu de chose. Je suis persuadé qu'un homme bien exercé, ayant le cœur en bon état, avec des pulsations normales, n'aura pas, s'il s'accoutume aux montagnes, à souffrir de la raréfaction de l'air, même à 18,500 pieds de haut, si, bien entendu, il gravit des pentes douces. Un exercice plus violent réclamerait d'autres conditions. Voici sur quoi je base mon opinion :

D'abord nous trouvâmes, comme on en a fait si souvent l'expérience dans les Alpes, que l'épuisement cessait en très grande partie dès le commencement de la descente. Ensuite, nous n'étions pas tous affectés de la même manière. En troisième lieu, quand M. Freshfield et ses compagnons firent l'ascension de la montagne orientale, dont la hauteur est à peu près égale à celle que nous escaladions, personne ne se plaignit d'être époumoné plus que de coutume. Ils étaient six : trois Anglais, un guide de Chamounix et deux Caucasiens. Il est impossible qu'ils eussent tous un cœur et des poumons d'une structure et d'une endurance exceptionnelles. Je crois donc que la prostration subie par nous ne doit être attribuée qu'à notre infériorité dans ce que j'appellerai la gymnastique des ascensions. Nous n'étions pas des marcheurs dont l'éducation pédestrienne ne laissait plus rien à désirer. Nous avions, les jours précédents, eu à affronter la pluie, notre estomac avait été traité par la faim, nous l'avions soumis à un régime tout différent de celui qu'il suivait d'ordinaire ; bref, il y avait tout un tas de raisons qui nous rendaient « plus ou moins impropres au service ».

VIEILLE FEMME.
D'après une photographie prise au pied de l'Elbrouz.

Mais il aurait fallu ne plus pouvoir mettre une jambe devant l'autre pour refuser d'aller plus loin, une fois que nous étions au bord du cratère, et pour dire :

— Je ne monterai pas là-haut.

Le petit pic, autant dire la dent, s'élève, comme je l'ai déjà mentionné, en partant du nord-est du cratère, au sud-est duquel nous nous trouvions. Nous avions par conséquent à suivre le rebord à l'extérieur, sur une certaine distance, mais la suite était presque de niveau. Comme des conquérants près de cueillir les lauriers de la victoire, nous nous engageâmes bravement dans les neiges, que nous pouvions presque considérer comme le linceul du volcan éteint. Nous passâmes ainsi devant un point de vue que je n'oublierai jamais; car je n'en ai jamais rencontré de plus splendide dans aucune montagne. Un étroit pinacle surgissait tout près du rebord, le vent avait chassé la neige lâche contre cette petite colonne et, chose étrange, l'avait enroulée tout autour en

MESTIA, VOISINAGE DE L'ELBROUZ.

rubans et en couronnes, en festons et en guirlandes, qui l'ornaient de la base au faîte. On eût dit la femme de Loth en toilette de gala. Après quelques instants d'admiration consacrés à ce joli décor imaginé par la nature, nous arrivâmes au pied du petit pic qui paraît avoir de cent à cent cinquante pieds de hauteur. Nous le gravîmes facilement, car la pente était très douce, et nous nous trouvâmes enfin sur le sommet de l'Elbrouz.

Le ciel était d'une clarté absolue. Pas un nuage; pas un voile à l'horizon. Nous n'aurions pu rêver rien de plus avantageux pour contempler le tableau qui se déroulait devant nous, et que nous découvrions dans toute son immensité du haut de la montagne. Debout à l'extrémité du promontoire qui sort en s'élançant de la chaîne principale, l'Elbrouz offre un admirable terrain d'observations de tout le paysage orographique du Caucase, non confusément, comme ferait un autre pic situé au milieu du massif, mais distinctement, de manière à embrasser tous les détails : tel un front de bataille vu du vaisseau amiral, faisant face à toute la flotte.

Tous les grands pics se découpaient dans la sévère majesté de leurs formes. Tout près, le géant à deux têtes, l'Ousch-Ba ; puis une rangée de Titans sans nom, puis, à plusieurs lieues d'éloignement, mais d'un concours lumineux, d'une ligne parfaite, le Kotchan-Tau, et, plus petit, le Dich-Tau, le Tan-Tetuould. Au delà, des pics, toujours des pics, s'échelonnant, jusqu'à ce que l'œil se repose sur une cime dominant tout, le Kasbek, sans doute. Cette dernière montagne est à cent vingt milles de l'Elbrouz. Plus loin encore, beaucoup plus loin, du côté de la Perse, il me semblait apercevoir une couronne de neige, que dans mon imagination je pris pour celle de l'Ararat. Peut-être n'était-ce qu'un nuage blanc, mais on dit que des voyageurs ont vu l'Elbrouz du mont Ararat, la réciproque serait donc possible. Au sud, les immenses vallées que l'on distingue en partie par-dessus la crête de la chaîne principale ; au sud-ouest, la vue très accentuée de la mer Noire. Au nord, une région de verdure, des côteaux herbeux en gradins, comme les vagues de la mer, et, dans l'extrême lointain, l'un d'eux surmonté d'un rempart de rochers indiquant la limite des vastes steppes russes. Le spectacle offrait encore plus de grandeur et de beauté que je ne l'avais prévu, et surpasse de beaucoup en magnificence tout ce que j'ai admiré au cours de mes excursions dans les hautes Alpes.

IV

LA DESCENTE. — LES HABITANTS

On a vu, par ce qui précède, que l'ascension de l'Elbrouz, quoique fatigante, ne présente aucune difficulté. Il s'agissait maintenant de revenir sur nos pas.

La montée nous avait pris neuf heures et quarante minutes, mais je crois qu'on pourrait y mettre moins de temps que nous, et que huit heures, huit heures et demie au plus suffisent. La descente, comme on le verra, se fait bien plus rapidement, dès qu'on a quitté le bord du cratère. Ce ne fut, en réalité, qu'une promenade relativement commode et elle s'acheva en quatre heures. Le lendemain, le temps perdit toute sa sérénité ; une tempête furieuse éclata dans la montagne du Mingh-Tau.

Nous suivîmes nonchalamment la vallée, comme des gens qui ont besoin de réparer l'élasticité de leurs membres surmenés.

J'étais parmi les traînards, et j'avais même de la peine à régler mon pas sur celui des porteurs qui, chargés de leurs fardeaux, avançaient moins vite que nous. Ensuite nous rencontrâmes deux Caucasiens qui nous apportaient des provisions. Ce fut pour les autres une occasion de s'asseoir et d'entamer la conversation, afin de se renseigner sur ce qui s'était passé à Ourousbieh depuis leur absence.

Je ne crois pas qu'il y ait au monde des gens qui aiment la causette avec plus de passion que les habitants du Caucase. C'est pour eux le plaisir suprême de la vie, et le seul fait de les entendre parler prouve qu'ils sont heureux, comme on juge du contentement d'un chien lorsque, au départ pour la chasse, il aboie d'une façon significative.

Je fis signe aux porteurs, qu'au lieu de s'asseoir pour parler, ils devaient poursuivre leur marche, mais ils se bornèrent à m'adresser de gracieux sourires, en ayant l'air de me dire, par une mimique très expressive, qu'ils regrettaient beaucoup de ne pas pouvoir faire une parlotte avec moi. Je fus obligé de les laisser là et de m'en aller seul, au risque de me perdre, car Walker et Gardener, qui m'avaient devancé, étaient déjà hors de vue. Heureusement, je les retrouvai à quelque distance, dans une cabane, où ils avaient fait halte eux-mêmes.

Faire l'ascension d'une montagne est, en définitive, un plaisir tout à fait personnel, dont on n'a pas à tirer grande vanité, et qui ne vous rend pas illustre comme la découverte d'un auteur grec ou comme une haute naissance, ces sources d'orgueil pour bien des mortels, mais on n'en est pas moins fier, le soir d'une expédition dans les montagnes, d'avoir vaincu une difficulté que tant d'autres n'ont pas résolue. On se dit que l'on a fait une certaine somme de besogne qui mérite bien qu'on se repose, et si l'on n'est pas contemplé par tout l'univers, on sait tout de même ce que l'on vaut. Une des principales attractions de ces entreprises, c'est qu'elles sont comme un résumé en petit des grands labeurs de la vie. Un homme qui prend le parti d'escalader une montagne doit concentrer toute son énergie sur l'objet de son audace et se dire que, folle ou réfléchie, celle-ci, une fois à l'œuvre, doit résister jusqu'au bout, qu'il ne peut, avant d'avoir atteint son but, plus reculer, en dépit des fatigues, des découragements, des souffrances, et tant qu'il a du chemin devant lui, il serait honteux de rétrograder. Abandonner son projet est, pour ceux qui s'adonnent au sport des ascensions, se disqualifier à ses propres yeux et s'infliger le blâme qu'encourt celui qui, chargé d'une mission, déserte le devoir. Le plaisir que l'on a, quand la tâche est accomplie, en est la douce récompense. Je dois dire que ce plaisir fut traversé pour moi par un incident désagréable. Il avait été convenu, au départ, que chacun de nous se chargerait de son lit, ou, pour parler plus exactement, le porterait sur ses épaules, mais, dans la pratique, nous avions modifié cette bonne intention en remplaçant nos épaules par celles des porteurs caucasiens ou par le dos des chevaux. Or, nos lits ou ce qui devait nous en tenir lieu étaient, en ce moment, confiés à ces bavards que j'avais laissés assis sur la montagne, en train de causer, et il eût été difficile de dire quand ils daigneraient rompre le fil de leurs discours. La nuit se passerait. très probablement, sans les voir arriver. Nous allions être forcés de nous étendre sur le sol marécageux, et la perspective n'était point pour nous mettre de bonne humeur. Nous pestâmes contre la loquacité caucasienne et déjà les ténèbres nous enveloppaient complètement, quand enfin ils se présentèrent, avec quatre heures de retard, mais pas le moins du monde embarrassés et regrettant même d'avoir dû renoncer à leur dialogue. Nous étions, par bonheur pour eux, si fatigués, que nous ne voulûmes pas nous priver davantage de sommeil pour les gronder.

Levés de bonne heure, le lendemain, nous reprîmes la route d'Ourousbieh, en passant de nouveau par les beaux endroits boisés, au bord de l'eau grondante, et en nous extasiant, comme nous l'avions déjà fait, devant les scènes magiques de pics en apparence inaccessibles. Nous nous arrêtâmes encore au point où nous apparaissait l'extrémité orientale du Toungseron, qui est à la vallée du Baksan ce que le Breithorn est au val Saint-Nicolas.

Après les bois, les prairies plutôt mornes ; nous les traversâmes et, en arrivant à la ferme, nous acceptâmes avec reconnaissance le lait aigre que nous offrit un paysan, pendant que sa femme, en jaquette de soie jaune, se promenait sur la terrasse de la ferme, laissant à sa fille, une ravissante Caucasienne de douze à treize ans, le soin de nous faire les honneurs de la maison. Nous ne nous en plaignîmes pas ; l'enfant était d'une beauté qui nous rappelle les vers de Dante sur Francesca de Rimini. Nous remerciâmes et payâmes, et, après un échange de poignées de main avec le fermier caucasien, nous repartîmes. Un peu plus loin, nous traversâmes la moraine, et enfin nous atteignîmes Ourousbieh à une heure.

On nous fit un accueil aussi cordial qu'à notre première arrivée, et notre cortège pénétra, comme la première fois aussi, avec nous dans notre habitation. Je profitai de la présence de cette foule pour étudier plus attentivement les physionomies. Les Caucasiens — ceux d'Ourousbieh surtout — sont de braves gens, bons, bienveillants, d'humeur égale, peu soupçonneux à l'égard des étrangers, et particulièrement hospitaliers. Je ne saurais, sous ce rapport, faire trop chaleureusement leur éloge, et dans tous les villages, même les plus pauvres, les plus misérables, comme à Behingi, par exemple, je fus à même de leur rendre cette justice. Une autre qualité qu'il faut reconnaître aux Caucasiens, c'est qu'ils ne sont ni voleurs, ni violents. Pendant tout notre voyage dans les vallées au nord-ouest du Caucase, on ne nous déroba rien, et cependant il y avait dans nos bagages des objets qui auraient pu tenter la cupidité de gens civilisés, et à plus forte raison d'une population sans notion exacte du bien et du mal, du sien et du mien. Quant aux actes de violence, je crois qu'on n'en a rien à craindre dans ces régions. Les habitants, à vrai dire, sont armés jusqu'aux dents, poignard et pistolet à la ceinture, mais s'ils font usage de leurs armes, c'est plutôt comme ornement. J'ai assisté parmi eux à des querelles, je n'en ai jamais vu aucun saisir son poignard, son couteau, pour frapper son adversaire, et je crois très sincèrement qu'ils sont tous d'un naturel pacifique.

CHARIOT SOUANETHIE.

N'allez pas croire, cependant, que le Caucase soit une autre Arcadie, et que l'âge d'or existe parmi ces chasseurs et ces pasteurs. S'ils ont des qualités, on ne saurait perdre de vue leurs défauts. D'abord, ils sont d'une indolence révoltante. Des gaillards bâtis pour travailler toute la journée sans s'apercevoir du labeur, se reposeront, s'ils en ont l'occasion, tous les quarts d'heure, en s'étirant les membres. Ce qui irrite encore davantage, c'est leur lenteur. On ne saurait s'imaginer ce qu'il en coûte de patience pour engager des porteurs caucasiens. Excuse sur excuse. Au bout d'une heure, on n'est pas plus avancé. Et la journée se passe sans avoir rien conclu. Le lendemain, même manège. D'ailleurs, ils ont un proverbe qui n'est pas ignoré en Occident : « Il ne faut jamais faire aujourd'hui ce qu'on peut remettre au surlendemain. » Ils vous raconteront naïvement les mensonges les plus inconcevables, rien que pour se faire excuser et avoir un prétexte de se reposer. En route, ils s'arrêteront tout à coup, prétendant que c'est là qu'on est convenu de faire halte, discutant et n'ayant, au vrai, pas d'autre but que de demeurer là le plus longtemps possible. C'est toujours cela de gagné. Ils savent parfaitement qu'ils vous racontent des bourdes, que vous n'êtes pas leur dupe, que le trajet à parcourir ne sera ni plus long ni plus court, mais ils ne s'occupent pas de la fatigue future, pourvu qu'ils puissent faire diversions à la prétendue fatigue présente.

Aussi, le voyageur, dans toutes ces discussions sur le louage des porteurs, des chevaux, sur l'acquisition des provisions, doit-il se résigner à être trompé par les Caucasiens. Il est vrai que l'on n'a pas besoin d'aller jusque dans les montagnes du Caucase pour faire l'expérience de ces procédés. Un marchand à Londres ou à Paris ne s'en fera pas faute, et tous les récits de voyage nous disent que partout, chez les civilisés comme chez les sauvages, on est exploité. Il serait donc injuste de se montrer trop sévère à l'égard des Caucasiens qui vous demandent de leur travail ou de leurs marchandises un prix exagéré. C'est l'usage. Mais il y a une exception à faire : les chefs ne le pratiquent jamais. Ils sont instinctivement consciencieux.

Aucune règle n'est absolue ; j'ai dit que les populations du Caucase étaient honnêtes et pacifiques : cela ne s'applique pas aux habitants d'Outchkoulan, mais il ne faudrait pas en conclure que l'adage latin ait raison : *ab uno disce omnes*. Un village n'est pas tout un pays. En résumé, s'il ne faut pas faire le portrait des Caucasiens trop en beau, il serait contraire à la vérité de dire que, dans la balance de leurs penchants, les bonnes inclinations ne l'emportent pas sur les mauvaises, et, en les comparant aux populations de l'Europe occidentale, j'ai pour celles-ci, tout bien considéré, beaucoup moins de sympathie que pour ces races pastorales que notre civilisation raffinée n'a pas encore corrompues. J'ai parlé plus haut des chefs. Ils sont dignes, le plus souvent, d'estime et même d'admiration ; non seulement hospitaliers, mais prévenants, ne se bornant pas à faire ce qu'on leur demande, mais zélés, généreux, et, s'ils n'étaient pas d'une lenteur désespérante, on pourrait les croire accomplis.

On a parlé souvent de la beauté physique des Caucasiens, et on l'a même vantée. Pour ce qui est des hommes, c'est absolument vrai. Quand aux femmes, il est plus difficile, dans un pays musulman, de les juger sous ce rapport. Mères et filles, dans les familles des chefs et des personnages riches, ne se montrent pas aux étrangers. Celles qui sont pauvres ne voilent pas leur visage, mais la pauvreté les flétrit vite et le travail les rend vieilles longtemps avant l'âge.

Le type masculin est fier, noble, fortement accentué. Il ressemble assez fréquemment au type juif : nez aquilin, front haut, œil noir et perçant, chevelure et barbe également noire, mais avec quelque exception. La stature grande, élancée, bien proportionnée. Ils sont en général plutôt maigres. Le régime qu'ils ont et leur sobriété accoutumée contribuent à ne pas les rendre ventripotents.

Il est difficile de dire s'ils sont forts, tant ils sont indolents, mais je crois que leur endurance est plus grande qu'il n'y paraît, et j'en ai eu la preuve à Bezinsi où nos porteurs Caucasiens ont résisté plus longtemps à la fatigue que notre guide suisse; ajoutons qu'ils supportent beaucoup mieux la privation de nourriture. Nos conducteurs de chevaux qui nous accompagnèrent de Serabiets à Outenkoulau se mirent en route sans déjeuner, marchèrent toute la matinée sans rien prendre et s'abstinrent de tout aliment pendant plus de douze heures. A la halte, quand nous leur donnâmes à manger, ils nous avouèrent qu'ils auraient pu attendre encore. Mais l'endurance n'est pas de la force réelle. Les Caucasiens, naturellement paresseux, répugnent à déployer de l'énergie, aussi ils ne font jamais de grand trajet à pied. Le plus pauvre s'en va à cheval.

Le costume caucasien joint l'utile à l'agréable. L'étoffe en est différente suivant les ressources, mais la forme est toujours la même : une espèce de longue robe tombant plus bas que le genou, et sur la poitrine des rangées de fourreaux où l'on met la poudre et les balles; chez les riches ces fourreaux sont en argent. Sous la robe une blouse, des pantalons assez semblables aux knickerbockers et des guêtres de cuir souple. Les souliers, très originaux sont en peau et lacés sur le pied. Ils y mettent du foin ou de l'herbe. Ces chaussures se délacent fréquemment, mais c'est un prétexte pour s'arrêter.

La coiffure caucasienne, je parle de celle des hommes, est singulière. Il y en a de différentes espèces : la plus ordinaire est une large bande de peau de mouton ou d'agneau avec le dessus en drap. Cela doit être chaud, lourd et incommode, d'autant plus qu'on ne l'ôte jamais.

J'oubliais de mentionner, dans le costume caucasien, la *bourka*, grand manteau qui abrite du froid et de la pluie. Cette capote, assez analogue aux nôtres est en feutre avec le poil en dehors. C'est un vêtement imperméable. La pluie peut tomber là-dessus pendant des heures sans percer le vêtement. Le feutre est resté si épais qu'un Caucasien couche par terre dans sa *bourka* sans ressentir la moindre humidité du sol. La capote du Caucasien n'a qu'un inconvénient : elle est d'un poids énorme. J'ai dit que tous les Caucasiens sont armés, surtout dans le nord. Ils attachent un grand prix à leurs poignards dont la richesse plus ou moins importante est un indice certain du rang de celui qui le porte. Le chef puissant a un manche de poignard en argent, avec fourreau également en argent magnifiquement incrusté. Tel autre à la tête d'un village moins prospère a le manche moins beau. Le pauvre l'aura tout simple. Le poignard est suspendu à la ceinture, et parfois celle-ci est également en argent. Ces ceintures sont faites à Tiflis et le travail en est, dans certains cas, d'une remarquable finesse artistique.

F. C. Grove.

CAVALIER KORATCHAI.

www.ingramcontent.com/pod-product-compliance
Lightning Source LLC
Chambersburg PA
CBHW060601050426
42451CB00011B/2014